AF449020

VIRGINIA LEYVA
La rabia de las flores
Buenos Aires Poetry, 2025
62 pp.; 13,34 cm x 20,32 cm.
ISBN 9786316688088
Poesía Mexicana.

Editorial ©Buenos Aires Poetry

Colección ©Pippa Passes

Diseño editorial ©Camila Evia

**BUENOS
AIRES
POETRY**

BUENOS AIRES POETRY

editorial@buenosairespoetry.com

www.editorialbuenosairespoetry.com

La rabia de las flores

VIRGINIA LEYVA

_p._ 09   Monografía de la derrota

_p._ 11   *CRISANTEMOS*

_p._ 13   Lo que no

_p._ 15   Murmuran los grillos

_p._ 18   La insatisfacción de los peatones

_p._ 21   *LIRIOS Y GARDENIAS*

_p._ 23   Osamentas

_p._ 25   Cuentos mal contados

_p._ 27   La Matria Perdida

_p._ 30   Despedidas

_p._ 32   Aleluya

_p._ 33   Notas en el espejo

_p._ 35   *ROSAS*

_p._ 37   Formas de viajar

_p._ 40   Música de fondo

_p._ 41   La celebración del otoño

_p._ 43   Farolitos

_p._ 46   Segundero

_p._ 49   *GLADIOLAS*

_p._ 51   Tríptico de la conciencia:

_p._ 51   I

_p._ 53   II

_p._ 56   III

_p._ 58   El inútil oficio de poetizar la miseria

_p._ 61   *Sobre la autora*

La rabia de las flores

Virginia Leyva

Monografía de la derrota

Y un día existimos
salimos de la llaga tibia
del llanto meridional de las madres elementales
de la sangre escanciada en el país de nadie
donde todos mataban
en nombre de la vida.

Bestias de espalda erguida
supervivientes siempre
a toda costa
a toda infamia
civilizados con armas
esclavizados con mitos
derrotados vengativos en guerras que no acaban.

La farsa de una costilla
nos arrojó a nosotras el desván de la Historia.
Secuestraron la gloria de todo lo alcanzado
los fuertes mercenarios
los crueles y corruptos.

He ahí el gran triunfo de esta raza de bípedos
que pensó entre gruñidos:
un mundo dividido a punta de pistola.

Los dueños de las cosas
reparten sus migajas deducibles de impuestos.
La diáspora de hambrientos
se expande por el mapa
entre ratas que roen los programas sociales;
discursos como naves hundidas en la arena
donde nunca se encuentran
las formas de ser viables.

Porque un día quisimos ser más
hoy somos menos
que el ciervo sin miedo y el depredador sin rabia.
La inteligencia no alcanza
para hacernos más buenos.

La endeble humanidad del ser humano
es un cuerpo torturado
flotando boca abajo.

CRISANTEMOS

Pensamos que habíamos muerto y encontramos la tierra.
Fuimos lágrimas blancas debajo de las fechas,
limo verde en la brea caliente del desastre.

Lo que no

La poesía no nos salva
no remienda los huesos trozados como varas
de trigo que no es pan
que es angustia existencial en mendrugos afilados
hincados en la tráquea.

Pasarán por la rabia los silencios profundos
que relaten la guerra.
Brillarán las estrellas en el barro revuelto
de las fosas impunes.
Sanarán, como puedan, los muertos sus pasados
crecerá entre los labios partidos de la tierra
la metáfora bella del dolor más terrible.

En los pechos zanjados se arrebolan luciérnagas
que queman como ácido.
Las búsquedas eternas quedarán en legajos
de verdades corruptas
de burdas conclusiones a nuestras tragedias.

Silbarán las sirenas urbanas sus engaños.
Buscarán entre tambos colmados de vilezas
los niños
sus futuros.
Heredarán las hebras raídas del sistema;

el harapo incapaz de cubrirles los cuerpos
violados
los adentros expuestos
los hilos arrancados de todas las madejas.
Cae el ser en las ruinas de su propia miseria.
El duelo nos anega los pozos de la vida
y sólo queda poesía
para nombrar la ausencia.

Murmuran los grillos

(en la oreja de un niño)

Voy a contarte el motivo de mis miedos

cuando duermas, sereno

en tu noche estrellada

con la luna en la lámpara

cayéndote en la almohada

donde acaban las hadas

y empieza el desconcierto.

Estará el libro quieto a un lado de tu cara

conteniendo fantasmas que aguardan su momento.

La infancia se te pasa con prisa de velero

bogando en mar abierto sin nostalgia de paso.

Se hará corto mi abrazo

que hoy, aún te abarca

cuando fuera de casa te encuentres con el mundo.

Mientras pueda te oculto la luz de las sirenas

que no cantan

se quejan

de terrores nocturnos.

Hay dolor en la acera de todos nuestros rumbos

soñar ha sido asunto crucial

de subsistencia.
Hoy cuido yo las puertas del fuerte donde empiezas
a ser
donde bosquejas los mapas de tu viaje.

Me apena confirmarte que los monstruos no existen
que es mucho más terrible el mal que hace la gente
que si algún día te hieren
sangraré tus heridas
que no doy por perdida la ilusión de que crezcas
a salvo
de que sientas la vida con dulzura
que sigas aventuras en paz con tu conciencia
que no aceches princesas
ni finjas ser un sapo.

Te veré desde mi faro
zarpar contra torrentes
ardiendo tus calderas hambrientas de distancias.
Encontrarás mil arcas cargadas de mentiras
profetas de teorías nacidas de sus egos
cavernas que son templos donde perder las pistas.
Ojalá que resistas rendirte a los supuestos
que no encalle el deseo
en playas de fe ciega.

Habrás de atar los cabos de tu propia existencia
pulirte las fisuras

encontrar las figuras de tu rompecabezas;
sanar la honda ausencia del padre que se borra
el hueco en tu memoria ancestral
lo que se ignora
sin dejar de dolerte.

Dormido te pareces a mí cuando crecía…
tampoco comprendía las formas de las cosas;
la verdad es que ahora
muy poco más entiendo.

Será porque te veo tan real y tan posible
que quisiera decirte
que el mundo es bello y bueno.
Sonreiré en el alero del salto que no he dado
porque estoy a tu lado
buscando que te encuentres.

La insatisfacción de los peatones

No es poco lo que llevo...
mi dolor es congénito
esférico
convulso.
Tengo duelo del mundo que no será posible
lloro el llanto invisible que no alcanzó justicia
con todas las caricias que ya no se sintieron.

Se llenaron de fango los ríos y sus veneros
encallaron los barcos de papel con los sueños
inmensos de los niños
entre cuerpos hundidos de los que nunca hallaron
los troncos cercenados que no reverdecieron.

Aquí llegan los cuervos mensajeros
exhaustos
de cargar los estragos detrás de la retina
la mirada fundida de los muertos con miedo
y graznan
mientras mueren, un poco también ellos.
Como yo
que no creo que vivir sea posible
ignorando lo terrible al lado de lo bueno
el humo de un incendio que devastó otra calle
las violencias banales que matan de repente.

Conocí tanta gente que no encontró la calma.
Mujeres que bordaban desgracias en pañuelos
volantes por las plazas
Las otras que buscaban los restos de sus vidas
con palas donde guarda silencio
la esperanza.
La herida nos avanza del pecho hasta el destino.
Yo sangro por las letras abiertas y no atino
a abarcar la tristeza
la rabia
el desencanto
de lo que es pan de diario
en nuestra amarga mesa.

LIRIOS Y GARDENIAS

Tuvimos que aprender a estar en cualquier estación.
Nos aduló la fragancia,
nos deslumbraron los colores del agua entre los bulbos.
Soñamos con la altura del árbol,
entre zarzas aferradas al piso.

Osamentas

Yo y mi ordinaria estructura de huesos
con su mala postura y la zancada torpe
muñecas que se rompen
en juegos de caricias
un cuello
que se dobla buscando perspectivas
que tengan a la sombra lo que habrá de dolerme.

Mi carne se construye de todas las verdades
que estalló el entretiempo
los mitos que en un beso desataron el caos
los cuerpos que me amaron
los que apenas me vieron.

Soy parte de una historia que parece mentira
he sido nota efímera en noches del estruendo
secreto con clavículas de curvas pronunciadas
el ruido en las almohadas
que no deja dormir.

Persisto
aunque entiendo que no he de saber nada
materia que se acaba en aras de lo incierto.
Mi ayer
mi ser

mi fuego, segados de repente.
De mí se hará la hiedra que arrase mi sentido…
el último latido
lo aguardo desde siempre.
Escribo mientras siento que el nudo se desata
me salvan las palabras con sus ecos de alivio.
No añoro lo perdido
respiro entre corrientes de un alma desbordada
soy piel que se hace flama
poeta
y nada más.

Cuentos mal contados

De inicio, lo creía:
fugarse era posible.
La arveja entre adoquines de un paso afortunado
subiría hasta el rellano
de un país entre nubes.

Al borde de las urbes borboteaba la noche
cargada de mentiras.
Las hadas, confundidas en álbumes de artrópodos
inhalaron sus polvos
de falsas alegrías.

Crecer fue la partida de todo el desencanto.

El llanto de los sauces
comenzó entre las manos
filosas del progreso.
Los cisnes prefirieron no volver a ser niñas
la ciudad parecía
más maligna que el lago.

Los bosques encantados
se ahogaron en cemento;
no quedó ni un remedo
de magia en las viviendas.

Los cuentos no lograron ser más que fantasía.

Algún monstruo nos mira con abisal tristeza
la humanidad le pesa con todos sus fracasos
su cuerpo son retazos
de muertos con violencia.

La Matria perdida

Mi madre parió tres veces
y seguirá rompiendo las fuentes de la vida.
Por las hijas de sus hijas
reclamamos el mundo
con un grito iracundo que cimbre las anales
tramposas de la Historia
aquella que nos obvia
la que a olvidos nos mata.

Somos las ultrajadas de todos los sistemas
de todas las edades
el botín negociable de las grandes batallas
de esta estirpe de bestias.
Nodrizas que alimentan también a sus sicarios
las que en ruinas formaron
hogares y familia.

Somos las que heredaron la omisión y la pena
el canto acorralado de las aves de casa
la culpa legendaria amagando al deseo
la pasión maniatada con rosarios y credos
que no nos respetaron.

Somos las que atestiguan el rotundo fracaso
de todo lo aprendido

las que esperan que vuelvan al hogar los perdidos
las que hilarán las hebras
cuando acabe la guerra
de humanos contra humanos
destazando la Tierra.

Somos las resilientes del acto y la injusticia
las que siguen la vida entre sus propias muertes
las que sufren los golpes del amor que las veja
las que caen sometidas al rol de la apariencia
que nos subestima.

Mi abuela murió con pena
de la orfandad de sus niñas.
Ella perdió su nombre con cada muerte de un hijo
vio las balas de Cristo disparadas por hombres
cegados y terribles.
Lloró con cada virgen sacada de la infancia
a parir para siempre.

Por ellas
por nosotras
por las que apenas vienen
revienten los cristales de los escaparates
que venden nuestros cuerpos
que brille purpurina en la faz que nos ignora
los vientres allanados
las vulvas deshojadas que arden su impotencia

la ley que nos castiga
la impunidad que se burla de nuestras ausencias.

Nosotras damos rumbo al instante que nos toca
estamos todas rotas
y andamos en pedazos.
Por ellas, por nosotras, por lo que nos negaron
derribaremos patrias
hasta recuperarnos.

Despedidas

Qué tontería pensar que era importante
lo que tanto dolía
lo que fue de pasada, lo dulce
lo indecible
lo extraño de sentirle los lados interiores
a otras
a mí misma
con mala sincronía gran parte de las veces.

Fue y se fue
como lo cierto
con sus trazas de mentira
relatos que se terminan con toda clase de estragos;
razones que se me olvidan
heridas que se sanaron con tiempo
entre los espacios.

Fui también un arrebato
que amaneció con jaqueca
ilusión pasajera con poca perspectiva.

Amar a medias tintas
fue, a veces, suficiente.
Esperé y me esperaron
en los áridos tramos donde pierde la gente

la noción de sí misma.

Me armé con las astillas
las puntas que en la fuente de tinta
se consuelan.
Escribir lo que fuera
fue el trago del alivio.

Y ahora que respiro los fulgores de ocaso
menos pesan los pasos errados
los tortuosos.
El llanto hoy cae al fondo de un pozo más profundo.
Perder la fe en el mundo
fue la peor despedida.

Aleluya

¿Qué pasa que los pájaros están enloquecidos?
Me llegan sus graznidos
heridos a la sala.
La noche se levanta angustiada de trinos
al fondo dan los grillos sus redobles de alarma.

A dos, quizás tres cuadras
ruge el aire en las alas batidas de repente.
Las luces de las casas vestidas de diciembre
me dan la intermitente visión de una desgracia.

Hoy pierden la esperanza
el hogar
la caricia del árbol
o la vida
las parvadas de días menos tristes que éste.

Y mientras se le muere la ilusión al que habita
detrás de nuestra valla
adentro, me acompaña tu canto agradecido
inocencia de niño
con acordes de piano.

Notas en el espejo

No cierres lo ojos por completo
amiga
y aunque las rutinas te tengan devastada
sostén la mirada a quien te piensa rota
protege la mente de excusas que sigan
flotando sin vida
por las habitaciones.

No ames
amiga
si anoche le hervía el infierno en la boca.
No esperes que broten del fango tus rosas
no aguardes la hora del arrepentimiento
no pierdas el sueño
llorando en su almohada.

No dejes el alma pospuesta en la silla
detrás de sus planes
cubierta de polvo
de bromas con saña
de mermas
de riñas.

No duermas, amiga, tranquila en sus brazos
si te achica el espacio

si duele el desabasto de amor en las caricias.
Si amorata tu risa
un revés
mientras sentencia
que eres tú quien despierta
su rabia desmedida.

No le creas, amiga, que va a ser diferente
si te besa la frente
después de las trifulcas.
Las bestias también tienen momentos de ternura.
Se mitiga la culpa
y vuelven a ser bestias.

ROSAS

Fueron las rosas
las únicas que soportaron la brevedad de mi territorio.
Resistieron las plagas, el agua amarga,
el idealismo avasallador de las orugas,
y sacaron las uñas, ¡que digo, las espinas!
para defender su postura.

Formas de viajar

Si no salto, me hundo
pierdo el cielo que abarca mis nubes estruendosas
el piso me sofoca con su sopor rotundo.
Soy ruido en este mundo de voces moderadas
que quedan sofocadas por himnos contundentes.
Mujer
que en la corriente se siente desgraciada;
la hiedra que rebasa las bardas
me enternece.

Las noches se amanecen con años de distancia.
Se queda en las mudanzas
el tremor de otras pieles.
Hoy yo
con los contornos plateados en la negra
raíz de la experiencia
concluyo, a ciencia cierta
que entiendo casi nada
-a veces las palabras tampoco me comprenden-.

Afuera se entretejen las rutas que nos llevan
a perdernos de vista.
Amores con desidia partieron demorados
los besos desganados se secaron con prisa.
Vivo el dolor de la artista

que se acaba como humana.
Procuro por las mañanas la ilusión de los inicios
sé armarme entre estropicios;
mis mareas se recogen
pero no se desarman.

Sobre mí, como mi pelo, se tuercen los caminos
que anduve y me anduvieron.
Las brechas que se abrieron a partir de mis ganas
se llenaron de ramas
que, en tramos, florecieron.

Sostuvieron mis dedos
el temblor de la arcilla
la savia que destila en el último espasmo.

Los cuencos se llenaron de lunas diamantinas.
Pasiones como fardos calentaron las tibias
de los tramos aciagos.
Abrí mis esteros a los cauces posibles
hasta el irreversible final de los sucesos.
Me di, mientras se dieron.
Me hirieron las espinas dorsales de los sueños
largándose
los *nos* que se callaron
los *sís* que desistieron.
Seguí por los senderos que abrieron mis pisadas.

No debo casi nada.
Jamás lancé con saña las piedras de mis ruinas
poeticé mi caída
reí mientras rabiaban los jueces de mis actos;
mis mayores fracasos
no han tenido testigos.

Tuve buenos amigos
y amigas como pocas;
amor de quien afronta conmigo las rarezas
de nuestras circunstancias;
un poco de añoranza por todos los que siguen;
enojo
que resiste a ser desesperanza.

Música de fondo

Caíste a medias sin sonoridades
ni siquiera la voz rugosa del almendro
alardeó tu derrota
tu sombra bajo su sombra
decantada en la dureza de un peldaño
tan lleno de grietas como tu cara.

Habrías caído aún más
desmigando tus huesos entre el polvo de los otros.
Habrías
pero jamás te gustaron los cambios abruptos
y te acabas de a poco
encorvándote sobre la tierra
que difuminará tu rastro.

Tu aliento dormita en los resquicios
del camino que te ignora.
En la curva de tu cuello se acuestan los capullos
retando al agostamiento de tu carne
con su blanca arrogancia de pétalos.
Justo ahora comprendes que ha sido demasiado.
En reverencia aguardas
con tu cabello ondeando su banderín monocromático
ante un mundo inundado de colores
al que ya no perteneces.

La celebración del otoño

Y ahora que me miras con más de cuatro décadas
no *poetisa*, Poeta
con todos los rigores
del café que se impone a las horas de siesta
en noches sempiternas de letras y silencios.

Sorberemos lo eterno que nos queda en la taza
tú y yo entre las migajas dispersas de los sueños
con tu cara en mi cara
y en nosotras el tiempo.

La piel con que sostengo mi fuerza tiene arrugas.
Estoy llena de dudas que no buscan respuesta
mi paz no se conecta a dioses inhumanos.

Están libres las manos, la ilusión indispuesta.
Ideas como cuervos que saben los horrores
de afuera
nos refriegan su lóbrega pupila.
Las páginas se irrigan
de angustia periférica
de empatía que se aterra con el llanto infinito
de las madres que buscan los restos de sus hijos
en bolsas de basura.

Las lagunas mentales se llenan de cadáveres
que nunca conocimos;
la piedra del camino
es cada vez más grande.

Cuarenta años de darle desmedida importancia
a lo que nos desgarra los tejidos sociales
de jalar las vocales más agudas del grito
al hueco de algún libro
que llore con nosotras.

Cuarenta que se mofan de todas mis teorías.
La vida fue distinta
intensa y generosa.
Me faltaron dos cosas: lectores y optimismo.
El éxito me vino
con gesto de derrota.

Farolitos

Habremos de ocultarles la verdad a los otros
mentirles a los ojos
con flojos argumentos
abrigarles el miedo que cala hasta los huesos
mostrar el lado bueno
del pozo
¿Y los deseos?
A obscuras, sin empeño
de hacerse realidades.

Diremos lo que guarde la flama
cuando el viento
traiga rabia en alientos de cien llantos por hora;
kilómetros de sombras en un metro de cielo
donde el sol se hace hueco
de nuevo
a la mañana.

Pondremos la esperanza, con agua, en un florero;
seis cubitos de hielo que duren mientras vemos
las cuerdas estirarse
el sueño despertarse
con mal presentimiento.

Todo es siempre un intento
con riesgo de fracaso.
Sin alas en los brazos ni fuerza de titanes
con la existencia frágil
fugaz, de poco aliento
presenciamos el vuelo tenaz de parvadas.

Aquí no pasa nada que pueda resolverse
guardándose en dobleces al fondo del armario.

La paz viene sorteando retenes del camino…
Si la matan
los niños, los otros, los que empiezan
crecerán con tristeza
verán cómo se alejan las estrellas fugaces
ajenas
incapaces de entender sus anhelos.

Qué pena, los más tiernos, entre tanta maleza…

Tropezarán con piedras que ya nos dislocaron
los egos
a nosotros
que andábamos tan alto.
¿Esquivarán sus juegos las balas que lanzamos
los niños de otro tiempo?

Y si ya no creemos que exista la justicia
la equidad, la empatía
ni el ratón de los dientes
¿cómo habremos de hacerles pensar a los siguientes
que el futuro se advierte
feliz y esplendoroso?

Ojalá que los chicos encuentren sus tesoros
que rescaten del lodo las caudas de cometas.
Que bailen en la acera
tranquila
donde puedan florecer las galeanas.

Ojalá que las ganas perduren cuando cesen
de cantar los boyeros;
que quieran ser los buenos
los justos, los decentes.

Un mundo y tanta gente con tantos desconsuelos.

No vendrán los que fueron
ni son los que serían
cuando nos parecía sencilla la existencia.
Hoy tenemos por ciertas las malaventuranzas
y la dulzura amarga
de criar
entre tragedias.

....S e g u n d e r o....

¿Cómo fue que se fue
si lo tenía?
Era tanto y podía usarse de a poco
pausar cuando unos ojos se me extraviaran dentro
andarme a ritmo lento bailando entre azoteas
divagar con libélulas translúcidas
que puedan
durar toda la noche.

Dormité bajo soles eternos tras del alba
que era tenue y tan larga que no supe medirla.
Me atuve a la infinita ilusión de lo que viene
a dejar para el viernes
lo mejor de los días
a posponer la estricta persecución del sueño
a crecer
con los huesos tan sólidos y rectos
que aguanten el proceso de las desilusiones.

Sonaron los redobles
cuando no estaba cerca.
Madrugué por la senda difícil que tenía
mejor vista de luna.
Me llovieron las dudas
por mil noches y media.

Fui por gusto incorrecta
en transcursos atroces
me detuve en el roce gozoso de los cantos
que alcanzaron el río.
Rebobiné el latido del vientre descendiendo
al túnel del principio.
Puse el alma en un hilo muy fino de esperanza
fracasé en la templanza de sabia encanecida:
aún sigo enardecida
y sé poco más que nada.

Las décadas se ponen nostálgicas y corren
a contarse mentiras.
En cada despedida hubo buenas razones;
siguieron los relojes su tránsito implacable.

Me hice vieja en el viaje a logar lo que añoro.
Alcancé buenos coros de grillos
y el oído
inmaterial del viento.

Carecí de talento para lo indispensable.
La voluntad fue clave
de sol
en cada intento.

No quiero que parezca que sé de qué se trata…
el tiempo se me escapa refutando respuestas.

No entendí tantas cosas tan obvias de mi época.
Pasé sin que me vieran
tampoco
lo importante.
Fui sumamente buena en lo que no interesa
mi profunda experiencia
fue abiertamente inútil.

GLADIOLAS

Cuando las demás flores se sintieron marchitas,
sostuvieron la vista en alto las gladiolas.
Eventualmente
inevitablemente
naturalmente
perdieron también las hojas.

Tríptico de la conciencia

I

Voy a ser clara
pero no seré breve.
Me ardo en los vaivenes que trazan las palabras;
nombrar me da la gana
tan clara e insistente
como puede mi mente
dilucidar las cosas

Los cables se abarrotan de informes
que no informan
de anuncios con dismorfia
de lo que es ser humano
pregones con rezagos que guardan simpatías
con todo lo que arruina
la opción de remediarnos.

Pensantes sólo a ratos;
salvajes de egos anchos paseando sobre minas
activas
con las miras más cortas que la espada
soberbios de ignorancia
timados del progreso.

A esto me rebelo:
a aceptar como ciertas
las pautas subjetivas
a hacer gorda la vista por corrección política
a asumir la mentira
o callar por respeto.

Cuestionar es un hecho brutal de disidencia.

Resisto a la amenaza constante de la hoguera
me inscribieron a musa
y me volví poeta.

II

Mujer nací del vientre precioso de mi madre
nacarado de estrías.
Sus líneas y las mías comparten la tibieza
los mapas de la tierra
donde brotó la vida.

La fundamental caricia
me vino de su mano
el aliento primario me lo infundió su boca.

Jamás vi a las palomas rondando por su lecho.
Los dioses y sus cuentos dejé de imaginarlos
cuando tuve en los brazos el cuerpo de mi hijo;
mi sangre que no es vino
se conectó a sus venas
se tornó la tristeza un nudo discernible.

De mi madre es que yo vine
y voy hacia el recuerdo que de mí guarde *Dorian*.
Escribo con memoria de las que precedieron
mi parto
las que abrieron el canal del origen.

Mi nombre no las dice
pero yo las contengo.
Su voz nació en profundos secretos

patriarcales
soñar fue siempre aparte
del deber inmutable de salvar la familia.
Sin ser nunca heroínas
hicieron los milagros.

Las honro y las abrazo
las busco en un borrado sistémico y obtuso
donde su ser difuso se funde en un marido
un padre
un apellido que omite sus facciones.

Sus tantas dimensiones
se ocultaron en casa.

Soy nieta de Virginia
que enseñó a María Luisa
a bordarle a mi madre
la ropa de la infancia en orfandad
los detalles
que soltó con la muerte.

Marina era una niña que atendió los deberes
que apenas comprendía.
Guadalupe tenía el más triste silencio.
Esperanza
que había sorteado los intentos
de guardarla en su casa

se olvidó ante su cara senil en el espejo.
Leticia puso versos en ventanas cerradas.
Consuelo
que se llama
es dulce con los hijos que quiso
y le prohibieron.
Amparo con los lagos de calma en la mirada
compartió carcajadas y duelos con Estela.

De todas se me llena la lucha
y la añoranza.

Hoy soy
en desacato
los roles que no cuadran.
Mujer
como me plazca
por las que no eligieron.

III

Me opongo a la belleza
a su prístina fragilidad esmerilada
de joya que se empaña
de adorno que se quiebra.

Me opongo a las cerúleas versiones del ocaso
a fingir que los años
no fueron contundentes
a borrarle a la frente las marcas de las dudas
despreciar las arrugas
que anudan los recuerdos.
La piel en que envejezco
me ha sido suficiente.

Me opongo
contundente
a buscar en el lente voluble de la norma
patrones de reformas "cruciales" a la imagen
el cuerpo como un traje
que nunca se acomoda.

Me opongo a que se niegue
la gracia con que mueren
las fibras que nos forman
a meternos en hormas que no nos pertenecen
recortar lo que crece por fuera de los moldes

rellenarle los bordes a la naturaleza
comprarle nuevas piezas
a nuestras realidades.

Se ofertan los ideales que marcan las carencias.

Erguida con las canas al aire en la tormenta
completa con el peso
de todas las edades
agrego a mi linaje la voz de mi experiencia…

La estática belleza de espectro reducido
no bastó a mis sentidos
dispuestos al hallazgo
encontré en cada tramo
asombros disidentes.
Fui hermosa entre la gente
que no entendió mi estilo.

El inútil oficio de poetizar la miseria

Yo no fui mucho, fui poeta.
Desoí la advertencia de gente más pragmática
me corté la garganta
probando las aristas de todas las palabras
construí la metáfora para entender la vida
defendí mis costillas
autónomas
que guardan la flor de mis espinas
el centro donde anidan el vértigo y la euforia
la boca de la noria que se llena de tinta.

A veces se me quitan las ganas de intentarlo:
respirar
en espacios estrechos de lo urgente
seguir por la pendiente que no tiene una cima
resistir la rutina de la supervivencia
andar con la conciencia despierta
y afligida.

No quedan golondrinas que acompañen los duelos.
Afuera tiene el viento dulzor de jacaranda
mezclado con plegarias
que ningún dios atiende.

Los gritos se detienen a veces en mi oído.
Escribo con el ruido de todos los horrores
la noche amarga corre en la casa vecina.

A todos nos arruina la magia
la desgracia;
a todas nos ultraja la infamia que se niega.

Y yo, que soy poeta
inútil a la arteria vital de este Sistema
a mí sólo me queda
poemar lo que me llega destrozado a la boca.
Decir, que sí que importa la vida que se arranca
el temor que nos marca las formas de escondernos.

Poeta del agüero terrible que avinagra
la ilusión de mañana.
No puedo más livianas tener las inquietudes
mientras flotan las nubes
la tierra escupe cuerpos.

Virginia Leyva, (México, 1981). Poeta Mexicana. Es Licenciada en Letras Hispánicas por la Universidad de Guadalajara (1999-2004), cursó la Maestría en Apreciación y Creación Literaria de la IEU de Puebla (2018-2019), modalidad a distancia, y el Diplomado en Creación Literaria de la Sogem Guadalajara (1994-1999).

Ha publicado los poemarios: *Los ojos no bastan para discernir la negrura* (Temacilli, 2013); *Lingüística para caídos* (Ediciones El Viaje, 2019). Y el libro de cuentos: *Gente Cretina* (Fondo Editorial Tierra Adentro, 2017). En 2019 escribió el poema *Graffitis*, que fue incluido en la versión presentada en México del espectáculo Borders, montaje audiovisual del disco del mismo nombre, de los músicos irlandeses Elma Orkestra & Ryan Vail.

Algunos de sus cuentos se encuentran compilados en las antologías: *Libertad Condicional, Censura y Autocensura. Memorias del II Encuentro de Escritoras Latinoamericanas.* (La Luciérnaga Editores, 1999); *Cuentistas de Tierra Adentro* (FETA, 2007-2017) ; *IV Antología de Escritoras Mexicanas* (Escritoras Mx y Bitácora 52, 2023).

Su poema titulado "Se llamaba independencia" fue publicado en la antología *Grito al cuadrado*, Editorial Rosa Púrpura, 2024.

Algunos de sus poemas han sido traducidos al inglés y publicados en el Issue 49.1 de *Spoon River Poetry Review*. En la edición de diciembre de 2024, la *Latin American Literary Review* publicó un artículo sobre su obra y la traducción al inglés de cuatro poemas de *Lingüística para caídos*, junto con su versión original en español.

*

2025
Impreso en Buenos Aires,
Buenos Aires Poetry
www.editorialbuenosairespoetry.com